Cornelia Ziegler

L

4

Fehlerteufel Klecks

Mit Bildern von Sabine Kraushaar

Loewe

Bibliografische Information Der Deutschen Bibliothek
Die Deutsche Bibliothek verzeichnet diese Publikation in der Deutschen Nationalbibliografie; detaillierte bibliografische Daten sind im Internet über *http://dnb.ddb.de* abrufbar.

Der Umwelt zuliebe ist dieses Buch auf chlorfrei gebleichtem Papier gedruckt.

ISBN 3-7855-4939-3 – 5. Auflage 2004

Umschlagillustration: Sabine Kraushaar
Reihenlogo: Angelika Stubner
Gesamtherstellung: sachsendruck GmbH, Plauen
Printed in Germany

www.loewe-verlag.de

Inhalt

Ein unsichtbarer Gast

„Diese blöde Schule!“,
schimpft Anne
und haut
mit der Faust
auf den Tisch.
„Nanu“,
sagt Papa.
„So wütend kenne ich
dich ja gar nicht.“
Anne ist gerade
aus der Schule
nach Hause gekommen.
Und Papa hat
für sie beide gekocht.

Heute gibt es
Spagetti mit Tomatensoße,
Annes Lieblingsessen.
„Ich bin nicht wütend“,
sagt Anne
und lässt eine lange Nudel
in den Mund flutschen.

„Aber beim Diktat
und beim Abschreiben
mache ich
sooo viele Fehler!
Immer steht es
im Buch anders.
Das ist ganz gemein!“
Anne geht gar nicht mehr gern
in die Schule.
Und an allem ist nur
Frau Beier schuld.
Frau Beier ist
die Klassenlehrerin
der Klasse 3b.
Sie sagt nämlich,
Anne soll sich konzentrieren
und sauberer schreiben.

Anne äfft die Lehrerin nach:
„Dann machst du
auch nicht so viele Fehler,
und ich kann
deine Schrift besser lesen.“
Doch sosehr Anne
sich auch anstrengt,
das Schreiben will einfach
nicht klappen.

Papa bleibt
ganz ruhig.
„Mit der Zeit wird das
bestimmt besser“,
tröstet er.
„Ich konnte früher auch nicht
so schön schreiben.“
Anne runzelt die Stirn.
Dann fragt sie:
„Meinst du?
Ich zeichne viel lieber,
und rechnen kann ich
auch ganz toll.“

Darauf ist Anne
ziemlich stolz.
Papa natürlich auch.
Und noch jemand ist stolz.
Allerdings nur auf sich selbst.
Anne und ihr Vater
wissen nämlich nicht,
dass ihnen die ganze Zeit
jemand zuhört.
Klecks, der Fehlerteufel,
sitzt auf dem Tisch
neben Annes Teller.

Klecks ist
für Erwachsene unsichtbar.
Nur Kinder können
ihn sehen.
Vorausgesetzt
Klecks
möchte das.
Bisher hat er
es vorgezogen
unsichtbar zu bleiben.
Klecks ist
ein frecher kleiner
blauer Teufel,
der nichts als Unsinn
im Kopf hat.
Er hat zwei himmelblaue Hörner
und einen feuerroten Schwanz.

Klecks macht
riesengroße Tintenkleckse
in Schulhefte.
Davon kann er einfach
nicht genug kriegen.
Am liebsten
mitten auf einer Seite,
die mit schönster Schreibschrift
gefüllt ist.

Klecks schlüpft dazu
in den Schulfüller hinein
und wütet dann wild drauflos.
Aber auch an kleinen Klecksen
hat er seinen Spaß.
Es müssen nur
viele kleine Kleckse sein.

Besonders gern kleckst Klecks
in Annes Heften herum.
Tag für Tag veranstaltet er
in ihrem Schreibheft
ein riesiges Klecks-Chaos.
Das findet er toll.
Doch als er sieht,
wie wütend Anne ist,
tut es ihm Leid.
„Ich muss irgendwie helfen",
überlegt Klecks.
„Nur wie?"

Klecks verzieht sich
an seinen Lieblingsort.
Das ist Annes Federmäppchen.
Klecks legt sich
zwischen den Füller
und den grünen Buntstift.
Dann denkt er angestrengt nach.

Soll er Anne
sein Geheimnis verraten?
Oder ist das zu gefährlich?
Über diesen schwierigen
Gedanken
schläft Klecks schließlich ein.

Jede Menge Tintenkleckse

„Anne,
komm zum Frühstück!“,
ruft Papa.
Nichts rührt sich.
„Anne!“,
ruft Papa noch mal.
Aber immer noch
rührt sich nichts.
Komisch,
denkt Papa.
Normalerweise ist Anne
morgens immer putzmunter.
Papa geht in Annes Zimmer
und weckt sie leise.

„Hmmm“,
knurrt Anne.
„Ich will nicht aufstehen.“
Dann dreht sie sich
auf die andere Seite.

Annes Vater wird ungeduldig.
„Los, Anne, mach voran.
Du kommst sonst zu spät.“
Anne würde am liebsten
eine ganze Stunde
zu spät kommen.
In der ersten Stunde
haben sie nämlich Frau Beier.

Nach dem Frühstück
trottet Anne missmutig
in die Schule.
Frau Beier steht vorne
und schreibt
lauter schwere
Wörter
an die Tafel.

Es ist mucksmäuschenstill
in der Klasse.
Alle strengen sich an.
„Was ist das denn?“,
sagt Philipp plötzlich.
„Ich habe einen riesigen Klecks
in meinem Heft.“
Die anderen schauen
erstaunt auf.

„Bei mir ist auch ein Klecks!“,
ruft Susi.
„Igitt! Alles verschmiert!“,
schreit Bernd.
Ein Kind nach dem anderen
entdeckt dicke blaue
Tintenkleckse
in seinem Heft.
„Mein Füller ist kaputt“,
ruft Max.
„Meiner auch“,
tönt Ulli.

Frau Beier versucht,
die Klasse zu beruhigen.
„Seid bitte still
und arbeitet weiter."
Doch niemand will
auf die Lehrerin hören.

Da wird sie ärgerlich.
„Jetzt strengt euch mal an,
sonst muss ich allen
eine schlechte Note geben."
Drohend hebt sie
ihr rotes Büchlein hoch.
Das fürchten die Kinder.
In dem roten Büchlein
stehen alle Schüler der 3b drin.

Hinter jeden Namen
schreibt Frau Beier
immer fein säuberlich
die Noten hinein.
In der Klasse
will es trotzdem
nicht ruhig werden.
Immer weitere Kleckse
tauchen in den Heften auf.

„Ich kann schon
gar nicht mehr lesen,
was ich geschrieben habe“,
ruft Philipp.

Die Kinder springen
von ihren Stühlen auf.
Der Lärm im Klassenzimmer
wird immer größer.

Zufrieden sitzt Klecks
auf dem Lehrerpult
und schaut sich sein Werk an.
Vor lauter Freude
beginnen die Spitzen
seiner himmelblauen Hörner
rot zu glühen.
Aber das kann natürlich
niemand sehen.

„Das habe ich
toll hingekriegt“,
findet er und grinst frech.
Frau Beier wird es
langsam zu bunt.
„Raus mit euch!
So geht das
nicht weiter“,
sagt sie genervt.
„Das schreibe ich
ins Klassenbuch.“
„Aber wir können
doch gar nichts dafür.“
Anne hat vor Wut
Tränen in den Augen.
„Aber wer denn sonst?“,
fragt Frau Beier.

„Mann,
ist die Beier ungerecht“,
stöhnt Max auf dem Schulhof.
„Weißt du,
mein Füller ist wirklich kaputt.“
„Meiner auch“,
stimmt Paul zu.
Er betrachtet nachdenklich
seine blauen,
tintenverschmierten Finger.

Max ist ratlos.
„Was sollen wir nur machen?“, fragt er.
„Frau Beier glaubt uns einfach nicht.“
Paul überlegt.
„Bei allen Füllern ist heute die Tinte ausgelaufen.
Das kann doch kein Zufall sein!“
Dann stupst er Anne an.
„He, du hast doch sonst so gute Ideen.
Wie kommt das?“
Doch Anne antwortet nicht.
Sie ist mit ihren Gedanken ganz woanders.

Klecks hat einen Plan

Beim Mittagessen kann Anne keinen Bissen herunterbringen. „Heute war es echt komisch in der Schule.“ Papa guckt verwundert. „Komisch?“, wiederholt er.

Anne erklärt:
„Heute haben alle gekleckst,
nur ich nicht."
„Siehst du,
was habe ich gesagt",
meint Papa.
„Jeder macht mal Fehler."

Er streicht Anne
über den Kopf.
Anne glaubt nicht,
dass Papa Recht hat.
Aber sie sagt nichts mehr.

Abends liegt Anne
in ihrem Bett lange wach.
Immer wieder muss sie
an die Schule denken.
Warum haben heute alle
beim Abschreiben so
rumgekleckst?
Hat sie die anderen
etwa angesteckt?

„Pst“,
hört sie plötzlich
eine piepsige Stimme flüstern.
Was war das?
Anne kuschelt sich tiefer
in ihre Bettdecke.
Da, jetzt wieder!
„Pst!“,
macht jemand.

Anne fährt herum
und blickt dem Fehlerteufel
direkt ins blitzeblaue Gesicht.
„Nicht erschrecken“,
sagt Klecks ganz leise.
„Darf ich mich vorstellen?
Ich bin Klecks,
der Fehlerteufel.“

„Du bist wer?“
Anne bleibt vor Staunen
der Mund offen stehen.
„Klecks, der Fehlerteufel“,
wiederholt Klecks.
Rasch erklärt er Anne,
was er heute
im Unterricht bei Frau Beier
gemacht hat.
Anne starrt ihn
immer noch an.
„Aber was soll das?“,
will sie wissen.
„Es tut mir so Leid,
dass du wegen mir
Ärger hattest“,
sagt Klecks.

„Du weißt schon,
die vielen Kleckse
in deinem Heft.“
Erst versteht Anne
überhaupt nichts.

„Du meinst,
du bist
an meinen Fehlern schuld?"
Verlegen schaut Klecks
auf den Boden.
Jetzt fällt Anne
ein Stein vom Herzen.
„Dann bin ich ja
gar nicht so schlecht",
jubelt sie.

Doch gleich darauf
fährt sie Klecks
wütend an.
„Du warst das also.
Du hast mir
alles eingebrockt!“
Klecks zieht
seinen feuerroten Schwanz ein.
So hat noch nie jemand
mit ihm gesprochen.

Dann sagt er
kleinlaut:
„Das wollte ich doch
heute wieder gutmachen.“
„War aber eine blöde Idee“,
sagt Anne.
„Frau Beier hat ganz schön
mit uns geschimpft.
Und sie hat bestimmt was
in ihr rotes Buch geschrieben.
Hilfe kann man das
wohl nicht nennen.“

„Hm!“
Klecks ist geknickt.
Dabei hat er es
so gut gemeint!
Doch dann leuchten seine Augen
strahlendblau auf.
„Ich hab’s!“,
ruft er.

Klecks flüstert seine Idee Anne
ins Ohr.
Anne hört gespannt zu.
Dann nickt sie und lächelt.
„Ja, das ist gut."
Beruhigt dreht sie sich um.
Und fünf Minuten später
ist sie eingeschlafen.
Klecks hingegen verkriecht sich
in Annes Mäppchen
und schmiedet für morgen
einen Plan.

Der verhexte Rotstift

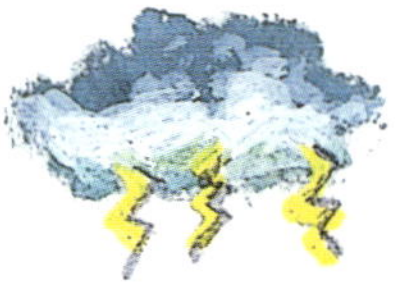

Am nächsten Tag
ist ein Diktat dran.
Anne fällt das Schreiben
diesmal ganz leicht.
In dem Diktat geht es
um ein großes Gewitter.
Anne weiß
alle Wörter.
Sogar das Wort „Blitzableiter“
findet sie kinderleicht.
Blitz,
das ist doch klar,
schreibt man am Ende
mit „tz“.

Auch Annes Schrift sieht
irgendwie viel schöner aus.
Kein Wunder,
denn Klecks sitzt
in ihrem Füller.
Er hat sich ganz schmal
und klein gemacht.
Dann ist er – schwups –
in den Füller gerutscht.

Er passt aber auch
in Kugelschreiber, Filzstifte
und Wachsmalstifte.
Am liebsten hat er
jedoch Füller.
Mit denen kleckst es sich
am schönsten.
Der Fehlerteufel kennt sich
in der Rechtschreibung
gut aus.

Schließlich hat er
jahrelange Erfahrungen
mit Klecksen in Schulheften
gemacht.
Jedes Wort kann er
auswendig schreiben!
Er führt Annes Füller
wie von Geisterhand.

„He, Susi“,
flüstert Bernd.
Bernd und Susi
sitzen hinter Anne.
„Wie schreibt man
‚Blitzableiter‘?“
„Wer hat da geflüstert?“
Streng blickt Frau Beier
in Annes Richtung.

„Ich war es nicht“,
verteidigt sich Anne.
Frau Beier lässt nicht locker.
„Flunkere nicht, Anne.
Ich hab es doch
genau gehört.“
Da wird Anne wütend.
„Ich war’s wirklich nicht“,
ruft sie empört.
„Das ist ungerecht!“
Frau Beier winkt ab.
„Red dich nicht raus.
Das nächste Mal gibt’s
einen Vermerk.“
Ein paar Minuten später
flüstern Bernd und Susi
wieder miteinander.

Wortlos zückt Frau Beier
ihr Büchlein
und holt
ihren Rotstift heraus.

Gerade als sie anfängt
zu schreiben,
tropft
ein roter Klecks
mitten auf die Seite.

Frau Beier versucht
ihn mit einem Taschentuch
wegzutupfen.
Doch der Fleck wird groß
und immer größer.
Das ganze Buch
ist schon verschmiert.
Frau Beier starrt entsetzt darauf.

„Das gibt es doch nicht!“,
sagt sie.
Anne, Susi und Bernd kichern.
Ein Kind nach dem anderen
schaut auf und sieht
die verdutzte Frau Beier.
Dann kichert die ganze Klasse.

Max schnappt nach Luft.
„Ich habe heute
noch keinen einzigen Klecks
gemacht.
Dafür Frau Beier!“
Und Anne denkt:
Wie gut, dass so was
auch mal Frau Beier
passiert.

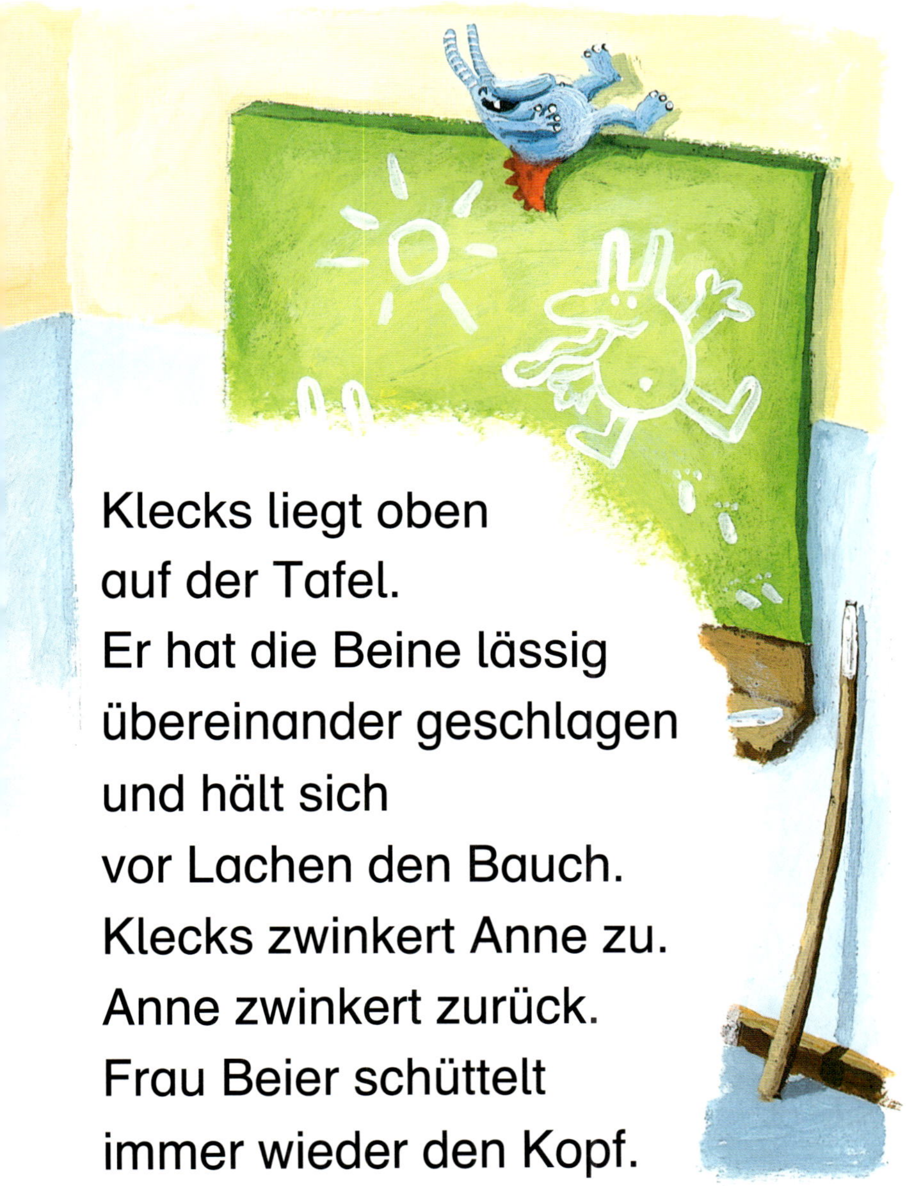

Klecks liegt oben
auf der Tafel.
Er hat die Beine lässig
übereinander geschlagen
und hält sich
vor Lachen den Bauch.
Klecks zwinkert Anne zu.
Anne zwinkert zurück.
Frau Beier schüttelt
immer wieder den Kopf.

„Was ist heute bloß
los mit mir?“,
murmelt sie.
„Ist der Teufel
in mich gefahren?“
Ob sie wohl zu streng
zu den Kindern war?
„Hört mal alle her!“,
ruft sie plötzlich.
„Schluss für heute.
Es ist viel zu warm hier drinnen.
Lasst uns nach draußen gehen
und zusammen spielen.“
Die Kinder starren Frau Beier
ungläubig an.
Doch dann brechen sie
in lauten Jubel aus.

Am nächsten Tag
gibt Frau Beier
die korrigierten Hefte zurück.
Sie lobt Anne
vor der ganzen Klasse.
„Du hast im Diktat
keinen einzigen Fehler.“

Anne wird vor Freude
ganz rot im Gesicht.
Da sagt Frau Beier:
„Und Abschreiben hast du doch
gar nicht nötig!
Oder wollten etwa die anderen
von dir abschreiben?“
Anne will antworten,
doch dann beißt sie sich
auf die Zunge,
um nicht laut loszulachen.
Klecks sitzt nämlich
auf der Schulter von Frau Beier
und grinst in die Klasse.
Er wird nie mehr
in Schulhefte klecksen,
nimmt er sich vor.

Dafür nur noch
in Lehrerbücher.
Denn rote Tintenkleckse
findet er
noch viiiel schöner!

Cornelia Ziegler, geboren 1963, studierte Germanistik und Anglistik. Sie machte eine Ausbildung als Psychosozialberaterin und arbeitete als Redakteurin für Kinder- und Jugendmagazine in einem großen Verlag. Seit 1994 ist sie freiberufliche Autorin und Journalistin.

Sabine Kraushaar zeichnete schon, als sie gerade mal einen Bleistift festhalten konnte. Ihr großer Traum war immer, später Kinderbücher zu illustrieren. Sie studierte Grafik an der Kunstakademie in Maastricht. Danach machte sie sich selbstständig. Und seit 1995 geht ihr Kindheitstraum in Erfüllung.

LESEFANT

Leseerfolg mit Spaß

... und die schönsten Geschichten gibt's als Sammelband

Loewe